معراجِ رسول
تفصیل اور پیغام
(مختلف تقاریر سے جمع شدہ)

مولانا سید ابوالاعلیٰ مودودی

مرتّبہ: اعجاز عبید

© Taemeer Publications LLC
Meraaj-e-Rasool
by: Abul A'la Maududi
Edition: December '2024
Publisher :
Taemeer Publications LLC (Michigan, USA / Hyderabad, India)

ISBN 978-93-6908-497-5

مرتب یا ناشر کی پیشگی اجازت کے بغیر اس کتاب کا کوئی بھی حصہ کسی بھی شکل میں بشمول ویب سائٹ پر اَپ لوڈنگ کے لیے استعمال نہ کیا جائے۔ نیز اس کتاب پر کسی بھی قسم کے تنازع کو نمٹانے کا اختیار صرف حیدرآباد (تلنگانہ) کی عدلیہ کو ہو گا۔

© تعمیر پبلی کیشنز

کتاب	:	معراجِ رسول ﷺ
مصنف	:	ابوالاعلیٰ مودودی
جمع و ترتیب / تدوین	:	اعجاز عبید
صنف	:	مذہب
ناشر	:	تعمیر پبلی کیشنز (حیدرآباد، انڈیا)
سالِ اشاعت	:	۲۰۲۴ء
صفحات	:	۴۲
سرورق ڈیزائن	:	تعمیر ویب ڈیزائن

فہرست

معراج کی رات	1
معراج کا سفرنامہ	10
معراج کا پیغام	22

معراج کی رات

عام روایت کے مطابق آج کی رات معراج کی رات ہے۔ یہ معراج کا واقعہ حضرت محمد صلی اللہ علیہ وسلم کی زندگی کے سب سے زیادہ مشہور واقعات میں سے ہے لیکن یہ جس قدر مشہور ہے اسی قدر افسانوں کی تہیں اس پر چڑھ گئی ہیں۔ عام لوگ عجوبہ پسند ہوتے ہیں۔ ان کی عجائب پسندی کے جذبے کو بس اپنی تسکین کا سامان چاہیے۔ اس لیے معراج کی اصل روح اور اس کی غرض اور اس کے فائدوں اور نتیجوں کو تو انھوں نے نظر انداز کر دیا اور ساری گفتگو اس پر ہونے لگی کہ آنحضرت صلی اللہ علیہ وسلم جسم کے ساتھ آسمان پر گئے تھے یا صرف رُوح گئی تھی۔ براق کیا تھا، جنت اور دوزخ کا

حال آپ نے کیا دیکھا اور فرشتے کس شکل کے تھے۔ حالانکہ دراصل یہ واقعہ تاریخ انسانی کے ان بڑے واقعات میں سے ہے جنھوں نے زمانے کی رفتار کو بدلا اور تاریخ پر اپنا مستقل اثر چھوڑا ہے اور اس کی حقیقی اہمیت کیفیتِ معراج میں نہیں بلکہ مقصد اور نتیجۂ معراج میں ہے۔

اصل بات یہ ہے کہ یہ کُرّۂ زمین جس پر ہم آپ رہتے ہیں خدا کی عظیم الشان سلطنت کا ایک چھوٹا سا صوبہ ہے۔ اس صوبے میں خدا کی طرف سے جو پیغمبر بھیجے گئے ہیں اُن کی حیثیت کچھ اس طرح کی سمجھ لیجیے جیسے دنیا کی حکومتیں اپنے ماتحت ملکوں میں گورنر یا وائسرائے بھیجا کرتی ہیں۔ ایک لحاظ سے دونوں میں بڑا بھاری فرق ہے۔ دنیوی حکومتوں کے گورنر اور وائسرائے محض انتظام ملکی کے لیے مقرر کیے جاتے ہیں اور سلطان کائنات کے گورنر اور وائسرائے اس لیے مقرر ہوتے ہیں کہ انسان کو صحیح تہذیب، پاکیزہ اخلاق، اور سچے علم و عمل کے وہ اصول بتائیں جو روشنی کے مینارے کی طرح انسانی زندگی کی شاہراہ پر کھڑے ہوئے صدیوں تک سیدھا راستہ دکھاتے۔ مگر اس فرق کے باوجود دونوں میں ایک طرح کی مشابہت بھی ہے۔ دنیا کی حکومتیں گورنری جیسے ذمہ داری کے منصب انھی لوگوں کو دیتی ہے جو ان کے سب سے زیادہ قابل اعتماد آدمی ہوتے ہیں اور جب وہ انھیں اس عہدے پر مقرر کر دیتی ہیں تو پھر

انھیں یہ دیکھنے اور سمجھنے کا پورا موقع دیتی ہیں کہ حکومت کا اندرونی نظام کس طرح کس پالیسی پر چل رہا ہے، اوران کے سامنے اپنے وہ راز بے نقاب کر دیتی ہیں جو عام رعایا پر ظاہر نہیں کیے جاتے۔ ایسا ہی حال خدا کی سلطنت کا بھی ہے۔ وہاں بھی پیغمبری جیسے ذمہ داری کے منصب پر وہی لوگ مقرر ہوئے ہیں جو سب سے زیادہ قابلِ اعتماد تھے۔ اور جب انھیں اس منصب پر مقرر کر دیا گیا تو اللہ تعالیٰ نے خود ان کو اپنی سلطنت کے اندرونی نظام کا مشاہدہ کرایا اوران پر کائنات کے وہ اسرار ظاہر کیے جو عام انسانوں پر ظاہر نہیں کیے جاتے۔

مثال کے طور پر حضرت ابراہیمؑ کو آسمان اور زمین کے ملکوت، یعنی اندرونی انتظام کا مشاہدہ کرایا گیا اور یہ بھی آنکھوں سے دکھا دیا گیا کہ خدا کس طرح مُردوں کو زندہ کرتا ہے۔ حضرت موسیٰؑ کو طور پر جلوۂ ربانی دکھایا گیا اور ایک خاص بندے کے ساتھ کچھ مدت تک پھرایا گیا تاکہ اللہ کی مشیت کے تحت دنیا کا انتظام جس طرح ہوتا ہے اس کو دیکھیں اور سمجھیں۔ ایسے ہی کچھ تجربات آنحضرت صلی اللہ علیہ و سلم کے بھی تھے۔ کبھی آپ خدا کے مقرب فرشتے کو افق پر علانیہ دیکھتے ہیں، کبھی وہ فرشتہ قریب ہوتے ہوتے اس قدر قریب آجاتا ہے کہ آپ کے اور اس کے درمیان دو کمانوں کے بقدر بلکہ اس سے بھی کچھ کم فاصلہ رہ جاتا ہے۔ کبھی وہی فرشتہ آپ کو سدرۃ

المنتہیٰ، یعنی عالم مادی کی آخری سرحد پر ملتا ہے۔ اور وہاں آپ خدا کی عظیم الشان نشانیاں دیکھتے ہیں۔

اسی نوعیت کے تجربات میں سے ایک وہ چیز ہے جس کو معراج کہتے ہیں۔ معراج صرف سیر اور مشاہدے ہی کا نام نہیں ہے بلکہ یہ ایسے موقعے پر ہوتی ہے جب کہ پیغمبر کو کسی کار خاص پر مقرر کرنے کے لیے بلایا جاتا ہے اور اہم ہدایات دی جاتی ہیں۔ وہ موسیٰؑ کی معراج ہی تھی جب کہ ان کو وادیِ سینا پر بلا کر احکام عشر (ten commandments) دیے گئے اور ان کو حکم دیا گیا کہ مصر جا کر فرعون کو منشائے خداوندی کے مطابق نظام حکومت میں اصلاح کرنے کی دعوت دو۔ اسی طرح وہ حضرت عیسیٰؑ کی معراج تھی جب انھوں نے ساری رات پہاڑ پر گزاری اور پھر اٹھ کر بارہ رسول مقرر کیے اور وہ وعظ کہا جو پہاڑی کے وعظ کے نام سے مشہور ہے۔ ایسا ہی ایک اہم موقع وہ تھا جب حضرت محمد صلی اللہ علیہ و سلم کو طلب کیا گیا۔

یہ وہ وقت تھا جب آپؐ کو اپنے مشن کی تبلیغ کرتے ہوئے تقریباً بارہ سال گزر چکے تھے۔ حجاز کے اکثر قبائل میں اور قریب کے ملک حبش میں آپؐ کی آواز پہنچ چکی تھی۔ اور آپ کی تحریک ایک مرحلے سے گزر کر دوسرے مرحلے میں قدم رکھنے کو تھی۔

دوسرے مرحلے سے میری مراد یہ ہے کہ اب وقت آگیا تھا کہ آپ مکہ کی ناموافق سرزمین کو چھوڑ کر مدینہ کی طرف منتقل ہو جائیں جہاں آپ کی کامیابی کے لیے زمین تیار تھی۔ اس دوسرے مرحلے میں آپؐ کا مشن بہت پھیلنے والا تھا۔ صرف حجاز اور صرف عرب ہی نہیں بلکہ گردوپیش کی دوسری قوموں سے بھی سابقہ پیش آنا تھا۔ اور اسلام کی تحریک ایک اسٹیٹ میں تبدیل ہونے کو تھی، اس لیے اس اہم موقعے پر آپ کو ایک نیا پروانہ تقرر اور نئی ہدایات دینے کے لیے بادشاہ کائنات نے اپنے حضور میں طلب فرمایا۔

اسی پیشی و حضوری کا نام معراج ہے۔ عالم بالا کا یہ حیرت انگیز سفر ہجرت سے تقریباً ایک سال پہلے پیش آیا تھا۔ اس سفر کے ضمنی واقعات احادیث میں آتے ہیں۔ مثلاً بیت المقدس پہنچ کر نماز ادا کرنا، آسمان کے مختلف طبقات سے گزرنا۔ پچھلے زمانے کے پیغمبروں سے ملنا اور پھر آخری منزل پر پہنچنا۔ لیکن قرآن ضمنی چیزوں کو چھوڑ کر ہمیشہ اصل مقصد تک اپنے بیان کو محدود رکھتا ہے۔ اس لیے اس نے کیفیت معراج کا ذکر نہیں کیا، بلکہ وہ چیز تفصیل کے ساتھ بیان کی ہے جس کے لیے آنحضرتؐ کو بلایا گیا تھا۔ قرآن کی سترھویں سورت میں آپ کو یہ تفصیل مل سکتی ہے۔ اس کے دو حصے ہیں ایک حصے میں مکہ کے لوگوں کو آخری نوٹس دیا گیا کہ اگر تمھاری سختیوں کی وجہ

سے خدا کا پیغمبر جلاوطنی پر مجبور ہوا تو مکہ میں تم کو چند سال سے زیادہ رہنے کا موقع نہ مل سکے گا۔ اور بنی اسرائیل کو جن سے عنقریب مدینہ میں پیغمبر سے براہ راست سابقہ پیش آنا تھا، خبردار کیا گیا کہ تم اپنی تاریخ میں دو زبردست ٹھوکریں کھا چکے ہو اور دو قیمتی موقعے کھو چکے ہو۔ اب تم کو تیسرا موقع ملنے والا ہے اور یہ آخری موقع ہے۔

دوسرے حصے میں وہ بنیادی اصول بتائے گئے جن پر انسانی تمدن و اخلاق کی تعمیر ہونی چاہیے۔ یہ ۱۴ اصول ہیں۔

۱۔ صرف اللہ کی بندگی کی جائے اور اقتدار اعلیٰ میں اس کے ساتھ کسی کی شرکت نہ تسلیم کی جائے۔

۲۔ تمدن میں خاندان کی اہمیت ملحوظ رکھی جائے، اولاد والدین کی فرماں بردار و خدمت گزار ہو اور رشتہ دار ایک دوسرے کے ہمدرد و مددگار ہوں۔

۳۔ سوسائٹی میں جو لوگ غریب یا معذور ہوں یا اپنے وطن سے باہر مدد کے محتاج ہوں وہ بے وسیلہ نہ چھوڑ دیئے جائیں۔

۴۔ دولت کو فضول ضائع نہ کیا جائے۔ جو مال دار اپنے روپے کو بُرے طریقے سے خرچ کرتے ہیں وہ شیطان کے بھائی ہیں۔

۵۔ لوگ اپنے خرچ کو اعتدال پر رکھیں، نہ بخل کر کے دولت کو روکیں اور نہ فضول خرچی کر کے اپنے لیے اور دوسرے کے لیے مشکلات پیدا کریں۔

۶۔ رزق کی تقسیم کا قدرتی انتظام جو خدا نے کیا ہے انسان اس میں اپنے مصنوعی طریقوں سے خلل نہ ڈالے، خدا اپنے انتظام کی مصلحتوں کو زیادہ بہتر جانتا ہے۔

۷۔ معاشی مشکلات کے خوف سے لوگ اپنی نسل کی افزائش نہ روکیں۔ جس طرح موجودہ نسلوں کے رزق کا انتظام خدا نے کیا ہے آنے والی نسلوں کے لیے بھی وہی انتظام کرے گا۔

۸۔ خواہش نفس کو پورا کرنے کے لیے زنا کا راستہ بُرا راستہ ہے لہٰذا نہ صرف زنا سے پرہیز کیا جائے بلکہ اس کے قریب جانے والے اسباب کا دروازہ بھی بند ہونا چاہیے۔

۹۔ انسانی جان کی حرمت خدا نے قائم کی ہے لہٰذا خدا کے مقرر کردہ قانون کے سوا کسی دوسری بنیاد پر آدمی کا خون نہ بہایا جائے، نہ کوئی اپنی جان دے، نہ دوسرے کی جان لے۔

۱۰۔ یتیموں کے مال کی حفاظت کی جائے، جب تک وہ خود اپنے پاؤں پر کھڑے ہونے کے قابل نہ ہوں ان کے حقوق کو ضائع ہونے سے بچایا جائے۔

۱۱۔ عہد و پیمان کو پورا کیا جائے، انسان اپنے معاہدات کے لیے خدا کے سامنے جواب دہ ہے۔

۱۲۔ تجارتی معاملات میں ناپ تول ٹھیک ٹھیک راستی پر ہونا چاہیے۔ اوزان اور پیمانے صحیح رکھے جائیں۔

۱۳۔ جس چیز کا تمھیں علم نہ ہو اس کی پیروی نہ کرو، وہم اور گمان پر نہ چلو، کیونکہ آدمی کو اپنی تمام قوتوں کے متعلق خدا کے سامنے جواب دہی کرنی ہے کہ اس نے انھیں کس طرح استعمال کیا۔

۱۴۔ نخوت اور تکبر کے ساتھ نہ چلو، غرور کی چال سے نہ تم زمین کو پھاڑ سکتے ہو نہ پہاڑوں سے اونچے ہو سکتے ہو۔

یہ ۱۴ اصول جو معراج میں آنحضرت صلی اللہ علیہ وسلم کو دیئے گئے تھے ان کی حیثیت صرف اخلاقی تعلیمات ہی کی نہ تھی، بلکہ یہ وہ پروگرام تھا جس پر آپ کو آئندہ سوسائٹی کی تعمیر کرنی تھی۔ یہ ہدایات اس وقت دی گئی تھیں جب آپؐ کی تحریک عنقریب تبلیغ کے مرحلے سے گزر کر حکومت اور سیاسی اقتدار کے مرحلے میں قدم رکھنے والی تھی۔ لہٰذا یہ گویا ایک مینی فیسٹو تھا جس میں یہ بتایا گیا تھا کہ خدا کا پیغمبر ان اصولوں پر تمدن کا نظام قائم کرے گا۔ اسی لیے معراج میں یہ ۱۴ نکات مقرر کرنے کے ساتھ ہی اللہ

تعالیٰ نے تمام پیروان اسلام کے لیے پانچ وقت کی نماز فرض کی۔ تاکہ جو لوگ اس پروگرام کو عمل کا جامہ پہنانے کے لیے اٹھیں ان میں اخلاقی انضباط پیدا ہو اور وہ خدا سے غافل نہ ہونے پائیں۔ ہر روز پانچ مرتبہ ان کے ذہن میں یہ بات تازہ ہوتی رہے کہ وہ خود مختار نہیں ہیں بلکہ ان کا حاکم اعلیٰ خدا ہے۔ جس کو انھیں اپنے کام کا حساب دینا ہے۔

معراج کا سفرنامہ

معراج، پیغمبرِ اسلام کی زندگی کے اُن واقعات میں سے ہے جنھیں دنیا میں سب سے زیادہ شہرت حاصل ہوئی ہے۔ عام روایت کے مطابق یہ واقعہ ہجرت سے تقریباً ایک سال پہلے، ۲۷ رجب کی رات کو پیش آیا۔ اس کا ذکر قرآن میں بھی ہے اور حدیث میں بھی۔ قرآن یہ بتاتا ہے کہ معراج کس غرض کے لیے ہوئی تھی اور خدا نے اپنے رسول کو بلا کر کیا ہدایات دی تھیں۔ حدیث یہ بتاتی ہے کہ معراج کس طرح ہوئی اور اس سفر میں کیا واقعات پیش آئے۔

اس واقعہ کی تفصیلات ۲۸ ہم عصر راویوں کے ذریعہ سے ہم تک پہنچی ہیں۔ سات راوی وہ ہیں جو خود معراج کے زمانہ میں موجود تھے۔ اور ۲۱ وہ جنھوں نے بعد میں نبی صلی اللہ علیہ و سلم کی اپنی زبان مبارک سے اس کا قصہ سنا۔ مختلف روایتیں قصہ کے مختلف پہلوؤں پر روشنی ڈالتی ہیں اور سب کو ملانے سے ایک ایسا سفرنامہ بن جاتا

ہے جس سے زیادہ دل چسپ، معنی خیز اور نظر افروز سفر نامہ انسانی لٹریچر کی پوری تاریخ میں نہیں ملتا۔

حضرت محمد صلی اللہ علیہ وسلم کو پیغمبری کے منصب پر سرفراز ہوئے ۱۲ سال گزر چکے تھے۔ ۵۲ برس کی عمر تھی۔ حرمِ کعبہ میں سو رہے تھے۔ یکایک جبریلؑ فرشتے نے آ کر آپ کو جگایا۔ نیم خفتہ و نیم بیدار حالت میں اُٹھا کر آپ کو زَم زَم کے پاس لے گئے۔ سینہ چاک کیا۔ زَم زَم کے پانی سے اسے دھویا پھر اسے علم اور بُردباری اور دانائی اور ایمان و یقین سے بھر دیا۔ اس کے بعد آپ کی سواری کے لیے ایک جانور پیش کیا جس کا رنگ سفید اور قد خچر سے کچھ چھوٹا تھا۔ برق کی رفتار سے چلتا تھا اور اسی مناسبت سے اس کا نام ''براق'' تھا۔ پہلے انبیا بھی اس نوعیت کے سفر میں اسی سواری پر جایا کرتے تھے۔ جب آپ سوار ہونے لگے تو وہ چمکا۔ جبریلؑ نے تھپکی دے کر کہا، دیکھ کیا کرتا ہے، آج تک محمدؐ سے بڑی شخصیت کا کوئی انسان تجھ پر سوار نہیں ہوا ہے۔ پھر آپ اُس پر سوار ہوئے اور جبریلؑ آپ کے ساتھ چلے۔ پہلی منزل مدینہ کی تھی جہاں اُتر کر آپ نے نماز پڑھی۔ جبریلؑ نے کہا اس جگہ آپ ہجرت کر کے آئیں گے۔ دوسری منزل طور سینا کی تھی جہاں خدا حضرت موسیٰؑ سے ہم کلام ہوا۔ تیسری منزل

بیتِ لحم کی تھی جہاں حضرت عیسیٰ پیدا ہوئے۔ چوتھی منزل پر بیت المقدس تھا جہاں بُراق کا سفر ختم ہوا۔

اس سفر کے دَوران میں ایک جگہ کسی پکارنے والے نے پکارا ادھر آؤ۔ آپ نے توجہ نہ کی۔ جبریلؑ نے بتایا یہ یہودیت کی طرف بلا رہا تھا۔ دوسری طرف سے آواز آئی اِدھر آؤ۔ آپ اس کی طرف بھی ملتفت نہ ہوئے۔ جبریلؑ نے کہا یہ عیسائیت کا داعی تھا۔ پھر ایک عورت نہایت بنی سنوری نظر آئی اور اس نے اپنی طرف بلایا۔ آپ نے اُس سے بھی نظر پھیر لی۔ جبریلؑ نے بتایا یہ دُنیا تھی۔ پھر ایک بوڑھی عورت سامنے آئی۔ جبریلؑ نے کہا دنیا کی عمر کا اندازہ اس کی عمر سے کر لیجیے۔ پھر ایک اور شخص ملا جس نے آپ کو اپنی طرف متوجہ کرنا چاہا، مگر آپ اُسے بھی چھوڑ کر آگے بڑھ گئے۔ جبریلؑ نے کہا یہ شیطان تھا جو آپ کو راستے سے ہٹانا چاہتا تھا۔

بیت المقدس پہنچ کر آپ بُراق سے اُتر گئے اور اُسی مقام پر اُسے باندھ دیا جہاں پہلے انبیا اس کو باندھا کرتے تھے۔ ہیکل سلیمانی میں داخل ہوئے تو ان سب پیغمبروں کو موجود پایا جو ابتدائے آفرینش سے اُس وقت تک دنیا میں پیدا ہوئے تھے۔ آپ کے پہنچتے ہی نماز کے لیے صفیں بندھ گئیں۔ سب منتظر تھے کہ امامت کے لیے کون آگے بڑھتا ہے۔ جبریلؑ نے آپ کا ہاتھ پکڑ کر آگے بڑھا دیا اور آپ نے سب کو نماز

پڑھائی۔ پھر آپ کے سامنے تین پیالے پیش کیے گئے۔ ایک میں پانی، دوسرے میں دودھ، تیسرے میں شراب۔ آپ نے دُودھ کا پیالہ اُٹھا لیا۔ جبریلؑ نے مبارک باد دی کہ آپ فطرت کی راہ پا گئے۔

اس کے بعد ایک سیڑھی آپ کے سامنے پیش کی گئی اور جبریلؑ اس کے ذریعہ سے آپ کو آسمان کی طرف لے چلے۔ عربی زبان میں سیڑھی کو معراج کہتے ہیں اور اسی مناسبت سے یہ سارا واقعہ معراج کے نام سے مشہور ہوا ہے۔

پہلے آسمان پر پہنچے تو دروازہ بند تھا۔ محافظ فرشتوں نے پوچھا کون آتا ہے؟ جبریلؑ نے اپنا نام بتایا۔ پوچھا تمھارے ساتھ کون ہے؟ جبریلؑ نے کہا محمد ﷺ۔ پوچھا کیا انھیں بلایا گیا ہے؟ کہا ہاں۔ تب دروازہ کھلا اور آپ کا پُرتپاک خیر مقدم کیا گیا۔ یہاں آپ کا تعارف فرشتوں اور انسانی ارواح کی ان بڑی بڑی شخصیتوں سے ہوا جو اُس مرحلہ پر مقیم تھیں۔ ان میں نمایاں شخصیت ایک ایسے بزرگ کی تھی جو انسانی بناوٹ کا مکمل نمونہ تھے۔ چہرے مُہرے اور جسم کی ساخت میں کسی پہلو سے کوئی نقص نہ تھا۔ جبریلؑ نے بتایا یہ آدم ہیں، آپ کے مورثِ اعلیٰ۔ ان بزرگ کے دائیں بائیں بہت لوگ تھے۔ وہ دائیں جانب دیکھتے تو خوش ہوتے اور بائیں جانب دیکھتے تو روتے۔ پوچھا یہ

کیا ماجرا ہے؟ بتایا گیا کہ یہ نسلِ آدم ہے۔ آدمؑ اپنی اولاد کے نیک لوگوں کو دیکھ کر خوش ہوتے ہیں اور بُرے لوگوں کو دیکھ کر روتے ہیں۔

پھر آپ کو تفصیلی مشاہدہ کا موقع دیا گیا۔ ایک جگہ آپ نے دیکھا کچھ لوگ کھیتی کاٹ رہے ہیں اور جتنی کاٹتے جاتے ہیں اتنی ہی وہ بڑھتی چلی جاتی ہے۔ پوچھا یہ کون ہیں؟ کہا گیا یہ خدا کی راہ میں جہاد کرنے والے ہیں۔

پھر دیکھا کچھ لوگ ہیں جن کے سر پتھروں سے کچلے جا رہے ہیں۔ پوچھا یہ کون ہیں؟ کہا گیا۔ یہ وُہ لوگ ہیں جن کی سر گرانی انھیں نماز کے لیے اُٹھنے نہ دیتی تھی۔

کچھ اور لوگ دیکھے جن کے کپڑوں میں آگے اور پیچھے پیوند لگے ہوئے تھے اور وہ جانوروں کی طرح گھاس چر رہے تھے۔ پوچھا یہ کون ہیں؟ کہا گیا یہ وہ ہیں جو اپنے مال سے زکوٰۃ خیرات کچھ نہ دیتے تھے۔

پھر ایک شخص کو دیکھا کہ لکڑیوں کا گٹھا جمع کر کے اٹھانے کی کوشش کرتا ہے اور جب وہ نہیں اٹھتا تو اس میں کچھ اور لکڑیاں بڑھا لیتا ہے۔ پوچھا یہ کون احمق ہے؟ کہا گیا یہ وہ شخص ہے جس پر امانتوں اور ذمہ داریوں کا اتنا بوجھ تھا کہ اُٹھا نہ سکتا تھا مگر یہ انھیں کم کرنے کے بجائے اور زیادہ ذمہ داریوں کا بار اپنے اوپر لادے چلا جاتا تھا۔

پھر دیکھا کہ کچھ لوگوں کی زبانیں اور ہونٹ قینچیوں سے کترے جا رہے ہیں۔ پوچھا یہ کون ہیں؟ کہا گیا یہ غیر ذمہ دار مقرر ہیں جو بے تکلف زبان چلاتے اور فتنہ برپا کیا کرتے تھے۔

ایک اور جگہ دیکھا کہ ایک پتھر میں ذرا سا شگاف ہوا اور اس سے ایک بڑا موٹا سا بیل نکل آیا۔ پھر وہ بیل اسی شگاف میں واپس جانے کی کوشش کرنے لگا مگر نہ جا سکا۔ پوچھا یہ کیا معاملہ ہے؟ کہا گیا یہ اُس شخص کی مثال ہے جو غیر ذمہ داری کے ساتھ ایک فتنہ انگیز بات کر جاتا ہے پھر نادم ہو کر اس کی تلافی کرنا چاہتا ہے مگر نہیں کر سکتا۔

ایک اور مقام پر کچھ لوگ تھے جو اپنا گوشت کاٹ کاٹ کر کھا رہے تھے پوچھا یہ کون ہیں؟ کہا گیا یہ دوسروں پر زبانِ طعن دراز کرتے تھے۔

انھی کے قریب کچھ اور لوگ تھے جن کے ناخن تانبے کے تھے اور وہ اپنے منہ اور سینے نوچ رہے تھے۔ پوچھا یہ کون ہیں؟ کہا گیا یہ وہ لوگ ہیں جو لوگوں کی پیٹھ پیچھے ان کی بُرائیاں کرتے اور ان کی عزت پر حملے کیا کرتے تھے۔

کچھ اور لوگ دیکھے جن کے ہونٹ اونٹوں کے مشابہ تھے اور وہ آگ کھا رہے تھے پوچھا یہ کون ہیں؟ کہا گیا یہ یتیموں کا مال ہضم کرتے تھے۔

پھر دیکھا کچھ لوگ ہیں جن کے پیٹ بے انتہا بڑے اور سانپوں سے بھرے ہوئے ہیں۔ آنے جانے والے ان کو روندتے ہوئے گزرتے ہیں مگر وہ اپنی جگہ سے ہل نہیں سکتے۔ پوچھا یہ کون ہیں؟ کہا گیا یہ سود خور ہیں۔

پھر کچھ اور لوگ نظر آئے جن کے ایک جانب نفیس چکنا گوشت رکھا تھا اور دوسری جانب سڑا ہوا گوشت جس سے سخت بدبُو آ رہی تھی۔ وہ اچھا گوشت چھوڑ کر سڑا ہوا گوشت کھا رہے تھے۔ پوچھا یہ کون ہیں؟ کہا گیا یہ وہ مرد اور عورتیں ہیں جنھوں نے حلال بیویوں اور شوہروں کے ہوتے حرام سے اپنی خواہشِ نفس پوری کی۔

پھر دیکھا کچھ عورتیں اپنی چھاتیوں کے بل لٹک رہی ہیں۔ پوچھا یہ کون ہیں؟ کہا گیا یہ وہ عورتیں ہیں جنھوں نے اپنے شوہروں کے سر ایسے بچے منڈھ دیئے جو اُن کے نہ تھے۔

اِنھی مشاہدات کے سلسلہ میں نبی صلی اللہ علیہ وسلم کی ملاقات ایک ایسے فرشتے سے ہوئی جو نہایت تُرش روئی سے ملا، آپ نے جبریلؑ سے پوچھا، اب تک جتنے فرشتے ملے تھے سب خندہ پیشانی اور بشاش چہروں کے ساتھ ملے، ان حضرت کی خشک مزاجی کا کیا سبب ہے؟ جبریلؑ نے کہا اس کے پاس ہنسی کا کیا کام، یہ تو دوزخ کا داروغہ

ہے۔ یہ سن کر آپ نے دوزخ دیکھنے کی خواہش ظاہر کی۔ اس نے یکایک آپ کی نظر کے سامنے سے پردہ اُٹھا دیا اور دوزخ اپنی تمام ہولناکیوں کے ساتھ نمودار ہوگئی۔

اس مرحلہ سے گزر کر آپ دوسرے آسمان پر پہنچے۔ یہاں کے اکابر میں دو نوجوان سب سے ممتاز تھے۔ تعارُف پر معلوم ہوا یہ یحییٰؑ اور عیسیٰؑ ہیں۔

تیسرے آسمان پر آپ کا تعارف ایک ایسے بزرگ سے کرایا گیا جن کا حُسن عام انسانوں کے مقابلہ میں ایسا تھا جیسے تاروں کے مقابلے میں چودھویں کا چاند۔ معلوم ہوا یہ یوسف علیہ السلام ہیں۔

چوتھے آسمان پر حضرت ادریسؑ، پانچویں پر حضرت ہارونؑ، چھٹے پر حضرت موسیٰؑ آپ سے ملے۔ ساتویں آسمان پر پہنچے تو ایک عظیم الشان محل (بیت المعمور) دیکھا جہاں بے شمار فرشتے آتے اور جاتے تھے۔ اس کے پاس آپ کی ملاقات ایک ایسے بزرگ سے ہوئی جو خود آپ سے بہت مشابہ تھے۔ تعارف پر معلوم ہوا حضرت ابراہیمؑ ہیں۔

پھر مزید ارتقا شروع ہوا یہاں تک کہ آپ سدرۃ المنتہیٰ پر پہنچ گے جو پیش گاہِ ربُّ العزت اور عالم خلق کے درمیان حد فاصل کی حیثیت رکھتا ہے۔ نیچے سے جانے والے یہاں رُک جاتے ہیں اور اوپر سے احکام اور قوانین براہِ راست یہاں آتے ہیں۔

اسی مقام کے قریب آپ کو جنت کا مشاہدہ کرایا گیا اور آپ نے دیکھا کہ اللہ نے اپنے صالح بندوں کے لیے وہ کچھ مہیا کر رکھا ہے جو نہ کسی آنکھ نے دیکھا نہ کسی کان نے سنا اور نہ کسی ذہن میں اس کا تصور تک گزر سکا۔

سدرۃُ المنتہیٰ پر جبریلؑ ٹھہر گئے اور آپ تنہا آگے بڑھے۔ ایک بلند ہموار سطح پر پہنچے تو بارگاہِ جلال سامنے تھے۔ ہم کلامی کا شرف بخشا گیا۔ جو باتیں ارشاد ہوئیں ان میں سے چند یہ ہیں؟

(۱) ہر روز پچاس نمازیں فرض کی گئیں۔

(۲) سورۂ بقرہ کی آخری دو آیتیں تعلیم فرمائیں گئیں۔

(۳) شرک کے سوا دوسرے سب گناہوں کی بخشش کا امکان ظاہر کیا گیا۔

(۴) ارشاد ہوا کہ جو شخص نیکی کا ارادہ کرتا ہے اُس کے حق میں ایک نیکی لکھ دی جاتی ہے اور جب وہ اس پر عمل کرتا ہے تو دس نیکیاں لکھی جاتی ہیں۔ مگر جو برائی کا ارادہ کرتا ہے اس کے خلاف کچھ نہیں لکھا جاتا اور جب وہ اس پر عمل کرتا ہے تو ایک ہی برائی لکھی جاتی ہے۔

پیشی خداوندی سے واپسی پر نیچے اُترے تو حضرت موسیٰؑ سے ملاقات ہوئی۔ اُنھوں نے رُوداد سن کر کہا میں بنی اسرائیل کا تلخ تجربہ رکھتا ہوں، میرا اندازہ ہے کہ آپ کی

امت پچاس نمازوں کی پابندی نہیں کر سکتی۔ جائیے اور کمی کے لیے عرض کیجیے۔ آپ گئے اور اللہ جل شانہٗ نے ۱۰ نمازیں کم کر دیں۔ پلٹے تو حضرت موسیٰؑ نے پھر وہی بات کہی۔ ان کے کہنے پر آپ بار بار اوپر جاتے رہے اور ہر بار دس نمازیں کم کی جاتی رہیں۔ آخر پانچ نمازوں کی فرضیت کا حکم ہوا اور فرمایا گیا کہ یہی پچاس کے برابر ہیں۔

واپسی کے سفر میں آپ اسی سیڑھی سے اُتر کر بیت المقدس آئے۔ یہاں پھر تمام پیغمبر موجود تھے۔ آپ نے ان کو نماز پڑھائی جو غالباً فجر کی نماز تھی۔ پھر بُراق پر سوار ہوئے اور مکہ واپس پہنچ گئے۔

صبح سب سے پہلے آپ نے اپنی چچا زاد بہن اُمِّ ہانی کو یہ رُوداد سنائی۔ پھر باہر نکلنے کا قصد کیا۔ اُنھوں نے آپ کی چادر پکڑلی اور کہا خدا کے لیے یہ قصہ لوگوں کو نہ سنائیے گا ورنہ اُن کو آپ کا مذاق اڑانے کے لیے ایک اور شوشہ ہاتھ آجائے گا۔ مگر آپ یہ کہتے ہوئے باہر نکل گئے کہ مَیں ضرور بیان کروں گا۔ حرم کعبہ میں پہنچے تو ابوجہل سے آمنا سامنا ہوا۔ اُس نے کہا کوئی تازہ خبر؟ فرمایا، ہاں۔ پوچھا کیا۔؟ فرمایا کہ میں آج کی رات بیت المقدس گیا تھا۔ کہا بیت المقدس؟ راتوں رات ہو آئے؟ اور صبح یہاں موجود؟ فرمایا، ہاں۔ کہا قوم کو جمع کروں؟ سب کے سامنے یہی بات کہو گے؟ فرمایا بے

شک ۔ ابو جہل نے آوازیں دے دے کر سب کو جمع کر لیا اور کہا لو اب کہو۔ آپ نے سب کے سامنے پورا قصہ بیان کر دیا۔ لوگوں نے مذاق اُڑانا شروع کیا۔ دو مہینہ کا سفر ایک رات میں ؟ ناممکن ! محال ! پہلے تو شک تھا، اب یقین ہو گیا کہ تم دیوانے ہو گئے ہو۔

آناً فاناً یہ خبر تمام مکہ میں پھیل گئی بہت سے مسلمان اسے سُن کر اسلام سے پھر گئے۔ لوگ اس امید پر حضرت ابو بکرؓ کے پاس پہنچے کہ یہ محمدؐ کے دستِ راست ہیں، یہ پھر جائیں تو اس تحریک کی جان ہی نکل جائے۔ انھوں نے یہ قصہ سن کر کہا اگر واقعی محمد صلی اللہ علیہ وسلم نے یہ واقعہ بیان کیا ہے تو ضرور سچ ہو گا، اس میں تعجب کی کیا بات ہے، میں تو روز سنتا ہوں کہ ان کے پاس آسمان سے پیغام آتے ہیں اور اس کی تصدیق کرتا ہوں۔

پھر حضرت ابو بکرؓ حرمِ کعبہ میں آئے۔ رسولؐ اللہ موجود تھے۔ اور ہنسی اُڑانے والا مجمع بھی۔ پوچھا کیا واقعی آپ نے ایسا فرمایا ہے ؟ جواب دیا، ہاں۔ کہا بیت المقدس میرا دیکھا ہوا ہے، آپ وہاں کا نقشہ بیان کریں، آپ نے فوراً نقشہ بیان کرنا شروع کر دیا اور ایک ایک چیز اس طرح بیان کی گویا بیت المقدس سامنے موجود ہے اور دیکھ دیکھ کر اس کی کیفیت بتا رہے ہیں۔ حضرت ابو بکرؓ کی اس تدبیر سے جھٹلانے والوں کو ایک

شدید ضرب لگی۔ وہاں بکثرت ایسے آدمی موجود تھے جو تجارت کے سلسلہ میں بیت المقدس جاتے رہتے تھے۔ وہ سب دلوں میں قائل ہو گئے کہ نقشہ بالکل صحیح ہے۔ اب لوگ آپ کے بیان کی صحت کا مزید ثبوت مانگنے لگے۔ فرمایا جاتے ہوئے میں فلاں مقام پر فلاں قافلہ پر سے گزرا جس کے ساتھ یہ سامان تھا، قافلہ والوں کے اُونٹ براق سے بھڑکے۔ ایک اونٹ فلاں وادی کی طرف بھاگ نکلا، میں نے قافلہ والوں کو اس کا پتا دیا۔ واپسی میں فلاں وادی میں فلاں قبیلہ کا قافلہ مجھے ملا، سب لوگ سو رہے تھے۔ میں نے ان کے برتن سے پانی پیا اور اس بات کی علامت چھوڑ دی کہ اس سے پانی پیا گیا ہے۔ ایسے ہی کچھ اور اَتے پتے آپ نے دیے اور بعد میں آنے والے قافلوں سے اُن کی تصدیق ہوئی۔ اس طرح زبانیں بند ہو گئیں مگر دل یہی سوچتے رہے کہ یہ کیسے ہو سکتا ہے؟ آج بھی بہت سے لوگ سوچ رہے ہیں کہ یہ کیسے ہوا؟

***

معراج کا پیغام

اسلامی تاریخ میں دو راتیں سب سے زیادہ اہمیت رکھتی ہیں۔ ایک وہ رات جس میں نبی عربی محمد صلی اللہ علیہ وسلم پر قرآن کا نزول شروع ہوا۔ دوسری وہ رات جس میں آپ کو معراج نصیب ہوئی۔ پہلی رات کی اہمیت تو سب کو معلوم ہے کہ اس میں نوع انسان کی رہنمائی کے لیے وہ روشن ہدایت نامہ بھیجا گیا جو باطل کی تاریکیوں میں حق کا نور صدیوں سے پھیلا رہا ہے اور قیامت تک پھیلاتا رہے گا۔ لیکن دوسری رات کی اہمیت بعض دینیاتی بحثوں میں گم ہو کر رہ گئی ہے۔ کم لوگوں کو معلوم ہے کہ اس رات میں انسانیت کی تعمیر کے لیے کتنا عظیم الشان کارنامہ انجام پایا۔ آج اس مبارک رات کی یاد تازہ کرتے ہوئے ہمیں دیکھنا چاہیے کہ یہ رات ہمارے لیے کیا پیغام لائی ہے۔

معتبر روایات سے معلوم ہوتا ہے کہ معراج کا یہ واقعہ ہجرت سے ایک سال پہلے پیش آیا تھا۔ اس وقت نبی صلی اللہ علیہ وسلم کو توحید کی آواز بلند کرتے ہوئے ۱۲ سال گزر چکے تھے۔ باوجودیکہ آپ کے مخالفین نے آپ کا راستہ روکنے کے لیے سارے ہی

جتن کر ڈالے تھے، پھر بھی آپ کی آواز عرب کے گوشے گوشے میں پہنچ گئی تھی۔
عرب کا کوئی قبیلہ ایسا نہ رہا تھا جس میں دو چار آدمی آپ کے ہم خیال نہ بن چکے ہوں۔ خود مکہ میں ایسے مخلص لوگوں کی ایک مختصر جماعت آپ کے گرد جمع ہو گئی تھی جن سے زیادہ سرگرم اور فداکار حامی دنیا کی کسی تحریک کو کبھی نہیں ملے۔ اور مدینہ میں دو طاقتور اور خود مختار قبیلوں کی اکثریت آپ کی دعوت پر ایمان لا چکی تھی اب وہ وقت قریب آ گیا تھا کہ آپ مکہ سے مدینے منتقل ہو جائیں، تمام ملک کے منتشر مسلمانوں کو اپنے پاس سمیٹ لیں، اور ان اصولوں پر ایک ریاست قائم کر دیں جن کی اب تک آپ تبلیغ کرتے رہے تھے۔ یہی وہ موقع تھا جب آپ کو معراج کا سفر پیش آیا۔

اس سفر سے واپس آ کر جو پیغام آپ نے دیا وہ قرآن مجید کی سترھویں سورۃ، سورہ بنی اسرائیل میں آج تک لفظ بلفظ محفوظ ہے۔ اس کو دیکھیے اور اس کے تاریخی پس منظر کو نگاہ میں رکھیے تو آپ کو صاف معلوم ہو جائے گا کہ اسلام کے اصولوں پر ایک نئی ریاست کا سنگ بنیاد رکھنے سے پہلے وہ ہدایات دی جا رہی ہیں جن پر نبیؐ اور اصحاب نبیؐ کو آگے کام کرنا تھا۔

اس پیغام میں معراج کا ذکر کرنے کے بعد سب سے پہلے بنی اسرائیل کی تاریخ سے عبرت دلائی گئی ہے۔ مصریوں کی غلامی سے نکل کر بنی اسرائیل نے جب آزاد

زندگی شروع کی تھی تو خداوند عالم نے ان کی رہنمائی کے لیے کتاب عطا فرمائی تھی اور تاکید کردی تھی کہ میرے سوا اب اپنے معاملات کو تکمیل کسی اور کے ہاتھ میں نہ دینا۔ مگر بنی اسرائیل نے خدا کی اس نعمت کا شکر ادا کرنے کے بجائے کفران نعمت کیا اور زمین میں مصلح بننے کے بجائے مفسد و سرکش بن کر رہے۔ نتیجہ یہ ہوا کہ خدا نے ایک مرتبہ ان کو بابل والوں سے پامال کرایا، اور دوسری مرتبہ رومیوں کو ان پر مسلط کر دیا۔ اس سبق آموز تاریخ کا حوالہ دے کر اللہ تعالیٰ نے مسلمانوں کو خبردار کیا ہے کہ صرف قرآن ہی وہ چیز ہے جو تمہیں ٹھیک راستہ بتائے گی۔ اس کی پیروی میں کام کروگے تو تمہارے لیے بڑے انعام کی بشارت ہے۔

دوسری اہم حقیقت جس کی طرف توجہ دلائی گئی ہے، وہ یہ ہے کہ ہر انسان خود اپنی ایک مستقل اخلاقی ذمہ داری رکھتا ہے۔ اس کا اپنا عمل اس کے حق میں فیصلہ کن ہے۔ سیدھا چلے گا تو آپ اپنا بھلا کرے گا۔ غلط راہ پر جائے گا تو خود ہی نقصان اٹھائے گا۔ اس شخصی ذمہ داری میں کوئی کسی کا شریک نہیں ہے، اور نہ کسی کا بار دوسرے پر پڑ سکتا ہے۔ لہٰذا ایک صالح معاشرے کے ہر ہر فرد کو اپنا ذاتی ذمہ داری پر نگاہ رکھنی چاہیے۔ دوسرے جو کچھ بھی کر رہے ہوں، اسے پہلی فکر یہ ہونی چاہیے کہ وہ خود کیا کر رہا ہے۔

تیسری بات جس پر متنبہ کیا گیا ہے وہ یہ ہے کہ ایک معاشرے کو آخر کار جو چیز تباہ کرتی ہے وہ اس کے بڑے لوگوں کا بگاڑ ہے۔ جب کسی قوم کی شامت آنے کو ہوتی ہے تو اس کے خوش حال اور مالدار اور صاحب اقتدار لوگ فسق وفجور پر اتر آتے ہیں، ظلم و ستم اور بد کاریاں اور شرارتیں کرنے لگتے ہیں، اور آخر یہی فتنہ پوری قوم کو لے ڈوبتا ہے۔ لہٰذا جو معاشرہ آپ اپنا دشمن نہ ہو اسے فکر رکھنی چاہیے کہ اس کے ہاں سیاسی اقتدار کی باگیں اور معاشی دولت کی کنجیاں کم ظرف اور بد اخلاق لوگوں کے ہاتھوں میں نہ جانے پائیں۔

پھر مسلمانوں کو وہ بات یاد دلائی گئی ہے جو قرآن میں بار بار دہرائی جاتی رہی ہے کہ اگر تمہارے پیش نظر صرف یہی دنیا اور اس کی کامیابیاں اور خوش حالیاں ہوں تو یہ سب کچھ تمہیں مل سکتا ہے۔ مگر اس کا آخری انجام بہت برا ہے۔ مستقل اور پائدار کامیابی جو اس زندگی سے لے کر دوسری زندگی تک کہیں نامرادی سے داغدار نہ ہونے پائے، تمہیں صرف اسی صورت میں مل سکتی ہے جب کہ تم اپنی کوششوں میں آخرت اور اس کی بازپرس کو پیش نظر رکھو۔

دنیا پرست کی خوشحالی بظاہر تعمیر کی شان رکھتی ہے مگر اس تعمیر میں ایک بہت بڑی خرابی کی صورت مضمر ہے۔ وہ اخلاق کی اس فضیلت سے محروم ہوتا ہے جو صرف

آخرت کی جوابدہی کا احساس رکھنے ہی سے پیدا ہوا کرتی ہے۔ یہ فرق تم دنیا ہی میں دونوں طرح کے آدمیوں کے درمیان دیکھ سکتے ہو۔ یہی فرق بعد کی منازل حیات میں اور زیادہ نمایاں ہو جائے گا۔ یہاں تک کہ ایک کی زندگی سراسر ناکامی اور دوسرے کی زندگی سراسر کامیابی بن کر رہے گی۔

ان تمہیدی نصیحتوں کے بعد وہ بڑے بڑے اصول بیان کیے گئے ہیں جن پر آئندہ اسلامی ریاست اور معاشرے کی تعمیر ہونی تھی۔ یہ ۱۴ اصول ہیں اور میں انہیں اسی ترتیب سے آپ کے سامنے بیان کرتا ہوں جس طرح وہ معراج کے اس پیغام میں بیان کیے گئے ہیں۔

(۱) خدائے واحد کے سوا کسی کی خداوندی نہ مانی جائے۔ صرف وہی تمہارا معبود ہو۔ اسی کی تم بندگی و اطاعت کرو، اور اسی کے حکم کی پیروی تمہارا شعار رہے اگر اس کے علاوہ کسی اور کا اقتدار اعلیٰ تم نے تسلیم کیا، خواہ وہ کوئی غیر ہو یا تمہارا اپنا نفس، تو آخر کار تم قابل مذمت بن کر رہو گے اور ان برکتوں سے محروم ہو جاؤ گے جو صرف خدا کی تائید سے ہی حاصل ہوا کرتی ہیں۔ (یہ صرف ایک مذہبی عقیدہ ہی نہ تھا بلکہ اس سیاسی نظام کا جسے بعد میں مدینہ پہنچ کر نبی صلی اللہ علیہ وسلم نے قائم کیا، اولین بنیادی اصول

بھی تھا۔ اس کی پوری عمارت اس نظریہ پر اٹھائی گئی تھی کہ خداوند عالم ہی ملک کا مالک اور بادشاہ ہے اور خدا کی شریعت ہی ملک کا قانون ہے)

(۲) انسانی حقوق میں سب سے اہم اور مقدم حق والدین کا ہے۔ اولاد کو والدین کا مطیع، خدمت گزار اور ادب شناس ہونا چاہیے۔ معاشرے کا اجتماعی اخلاق ایسا ہونا چاہیے جس میں اولاد والدین سے بے نیاز اور سرکش نہ ہو بلکہ ان سے نیک سلوک کرے، ان کا احترام ملحوظ رکھے اور بڑھاپے میں ان کی وہی ناز برداری کرے جو کبھی بچپن میں وہ اس کی کر چکے ہیں۔ (اس دفعہ کی رو سے یہ طے کر دیا گیا کہ اسلامی نظام معاشرت کی بنا خاندان پر رکھی جائے گی اور خاندانی نظام کا محور والدین کا ادب و احترام ہوگا۔ بعد میں اسی دفعہ کے منشا کے مطابق والدین کے وہ شرعی حقوق معین کیے گئے جن کی تفصیلات ہم کو حدیث اور فقہ میں ملتی ہیں۔ نیز اسلامی معاشرہ کی ذہنی و اخلاقی تربیت میں اور مسلمانوں کے آداب تہذیب میں وہ خیالات و اطوار پیوست کر دیئے گئے جو خدا و رسولؐ کے بعد والدین کو سب سے زیادہ اہمیت دیتے ہیں۔ ان چیزوں نے ہمیشہ ہمیشہ کے لیے یہ اصول طے کر دیا کہ اسلامی ریاست اپنے قوانین اور انتظامی احکام کے ذریعہ سے خاندان کو کمزور کرنے کے بجائے مضبوط اور محفوظ کرنے کی کوشش کرے گی)

(۳) اجتماعی زندگی میں تعاون، ہمدردی، اور حق شناسی و حق رسانی کی روح جاری و ساری رہے۔ ہر رشتہ دار اپنے دوسرے رشتہ دار کا مددگار ہو۔ ہر محتاج انسان دوسرے انسانوں سے مدد پانے کا حق دار ہو۔ ایک مسافر جس بستی میں بھی جائے اپنے آپ کو مہمان نواز لوگوں کے درمیان پائے۔ معاشرے میں حق کا تصور اتنا وسیع ہو کہ ہر شخص ان سب انسانوں کے حقوق اپنے اوپر محسوس کرے جن کے درمیان وہ رہتا ہے۔ ان کی کوئی خدمت کرے تو یہ سمجھے کہ وہ ان کا حق ادا کر رہا ہے نہ کہ احسان کا بوجھ ان پر لاد رہا ہے۔ اور اگر کسی خدمت کے قابل نہ ہو تو معذرت کرے اور خدا سے فضل مانگے تاکہ وہ دوسروں کے کام آ سکے۔ (اس دفعہ کی بنیاد پر مدینہ طیبہ کے معاشرے میں صدقات واجبہ اور صدقات نافلہ کے احکام دیئے گئے، وصیت، وراثت اور وقف کے طریقے مقرر کیے گئے۔ یتیموں کے حقوق کی حفاظت کا انتظام کیا گیا۔ ہر بستی پر مسافر کا یہ حق قائم کیا گیا کہ کم از کم تین دن تک اس کی ضیافت کی جائے۔ اور پھر اخلاقی تعلیمات کے ذریعہ سے پورے معاشرے میں فیاضی، ہمدردی اور تعاون کی ایسی روح پھونک دی گئی کہ لوگوں کے اندر قانونی حقوق کے ماسوا اخلاقی حقوق کا ایک وسیع ترین تصور پیدا ہو گیا اور اس کی بنا پر لوگ خود بخود ایک دوسرے

کے ایسے حق بھی پہچاننے اور ادا کرنے لگے جو کسی قانون کے زور سے نہ مانگے جا سکتے ہیں اور نہ دلوائے جا سکتے ہیں)

(۴) لوگ اپنی دولت کو غلط طریقوں سے ضائع نہ کریں۔ فخر اور ریا اور نمائش کے خرچ، عیاشی اور فسق و فجور کے خرچ جو انسان کی حقیقی ضروریات اور مفید کاموں میں صرف ہونے کے بجائے دولت کو غلط راستوں میں بہا دیں دراصل خدا کی نعمت کا کفران ہیں۔ جو لوگ اس طرح اپنی دولت کو خرچ کرتے ہیں وہ حقیقت میں شیطان کے بھائی ہیں اور ایک صالح معاشرے کا فرض ہے کہ ایسے بے جا صرف مال کو اخلاقی تربیت اور قانونی پابندیوں کے ذریعہ سے روک دے۔

(۵) لوگوں میں اپنا اعتدال ہونا چاہیے کہ وہ نہ تو بخیل بن کر دولت کی گردش کو روکیں اور نہ فضول خرچ بن کر اپنی معاشی طاقت کو ضائع کریں۔ معاشرے کے افراد میں توازن کی ایک ایسی صحیح حس پائی جانی چاہیے کہ وہ بجا خرچ سے باز بھی نہ رہیں اور بیجا خرچ کی خرابیوں میں بھی بتلا نہ ہوں۔ (مدینہ کی سوسائٹی میں ان دونوں دفعات کے منشا کی ترجمانی مختلف طریقوں سے کی گئی۔ ایک طرف فضول خرچی اور عیاشی کی بہت سی صورتوں کو ازروئے قانون حرام کر دیا گیا۔ دوسری طرف بالواسطہ قانونی تدابیر سے بھی بے جا صرف مال کی روک تھام کی گئی۔ تیسری طرف حکومت کو یہ اختیارات

دیئے گئے کہ اسراف کی نمایاں صورتوں کو وہ اپنے انتظامی احکام کے ذریعے سے روک دے اور جو لوگ اپنے مال میں بہت زیادہ ناروا طریقوں سے تصرف کرنے لگیں ان کی جائداد کو عارضی طور پر خود اپنے انتظام میں لے لے۔ ان تدابیر کے علاوہ معاشرے میں ایک ایسی رائے عام بھی پیدا کی گئی جو فضول خرچیوں پر واہ واہ کرنے کے بجائے ملامت کرے، اور اخلاقی تعلیم کے ذریعہ سے افراد کے نفس کی اصلاح بھی کی گئی تاکہ وہ بجا اور بے جا خرچ کے فرق کو خود سمجھیں اور بے جا خرچوں سے آپ ہی آپ باز رہیں۔ اسی طرح بخل کو بھی جس حد تک قانون کے ذریعہ سے توڑا جا سکتا تھا اس کے لیے قانون سے کام لیا گیا اور باقی اصلاح کا کام رائے عام کے زور اور اخلاقی تعلیم کی طاقت سے لیا گیا۔ آج یہ اسی کا اثر ہے کہ مسلمان سوسائٹی میں کنجوسوں اور زراندوزوں کو جس بری نگاہ سے دیکھا جاتا ہے اس کی مثال کسی دوسری سوسائٹی میں نہ ملے گی)

(٦) خدا نے اپنے رزق کی تقسیم کا جو نظام قائم کیا ہے، انسان اپنی مصنوعی تدبیروں سے اس میں دخل انداز نہ ہو۔ اس نے اپنے سب بندوں کو رزق میں مساوی نہیں رکھا ہے بلکہ ان کے درمیان کم و بیش کا فرق رکھا ہے۔ اس کے اندر بہت سی مصلحتیں ہیں جن کو وہ خود ہی بہتر جانتا ہے۔ لہٰذا ایک صحیح معاشی نظام وہی ہے جو خدا

کے مقرر کیے ہوئے اس طریقہ سے قریب تر ہو۔ فطری نامساوات کو ایک مصنوعی مساوات میں تبدیل کرنا، یا نامساوات کو فطرت کی حدود سے بڑھا کر بے انصافی کی حد تک پہنچا دینا، دونوں یکساں غلط ہیں۔ (اس دفعہ میں قانون فطرت کے جس اصول کی طرف رہنمائی کی گئی تھی اس کی وجہ سے مدینے کے اصلاحی پروگرام میں یہ تخیل سرے سے کوئی راہ ہی نہ پاسکا کہ رزق اور وسائل رزق میں تفاوت اور تفاضل بجائے خود کوئی بے انصافی ہے اور انصاف قائم کرنے کے لیے امیری اور غریبی کا فرق مٹانا اور ایک ''بے طبقات'' معاشرہ پیدا کرنے کی کوشش کرنا کسی درجہ میں بھی مطلوب ہے۔ اس کے برعکس مدینہ طیبہ میں انسانی تمدن کو صالح بنیادوں پر قائم کرنے کے لیے جو راہ عمل اختیار کی گئی وہ یہ تھی کہ فطرت اللہ نے انسانوں کے درمیان جو فرق رکھے ہیں ان کو اصل فطری حالت پر جوں کا توں برقرار رکھا جائے اور دفعات ۳، ۵، ۴ کے مطابق سوسائٹی کے اخلاق و اطوار اور قوانین کی اس طرح اصلاح کر دی جائے کہ معاش کا فرق و تفاوت کسی ظلم و بے انصافی کا موجب بننے کے بجائے ان بے شمار اخلاقی و روحانی اور تمدنی فوائد کا ذریعہ بن جائے جن کی خاطر ہی دراصل خالق کائنات نے اپنے بندوں کے درمیان یہ فرق و تفاوت رکھا ہے)

(۷) نسلوں کی افزائش کو اس ڈر سے روک دینا کہ کھانے والے بڑھ جائیں گے تو معاشی ذرائع تنگ ہو جائیں گے، ایک بہت بڑی غلطی ہے۔ جو لوگ اس اندیشے سے آنے والی نسلوں کو ہلاک کرتے ہوئے وہ اس غلط فہمی میں مبتلا ہیں کہ رزق کا انتظام ان کے ہاتھ میں ہے۔ حالانکہ رازق وہ خدا ہے جس نے انسانوں کو زمین میں بسایا ہے پہلے آنے والوں کے لیے بھی رزق کا سامان اسی نے کیا تھا اور بعد کے آنے والوں کے لیے بھی وہی سامان کرے گا۔ جتنی آبادی بڑھتی ہے، خدا اسی نسبت سے معاشی ذرائع بھی وسیع کر دیتا ہے۔ لہٰذا لوگ خدا کے تخلیقی انتظامات میں بے جا دخل اندازی نہ کریں اور کسی قسم کے حالات میں بھی ان کے اندر ''نسل کشی'' کا میلان پیدا نہ ہونے پائے۔ (یہ دفعہ ان معاشی بنیادوں کو قطعی طور پر منہدم کر دیتی ہے جن پر قدیم زمانے سے لے کر آج تک مختلف ادوار میں ضبط ولادت کی تحریک اٹھتی رہی ہے قدیم زمانے میں افلاس کا خوف قتل اطفال اور اسقاط حمل کا محرک ہوا کرتا تھا اور آج وہ ایک تیسری تدبیر، یعنی منع حمل کی طرف دنیا کو دھکیل رہا ہے۔ لیکن معراج کے پیغام کی یہ دفعہ انسان کو ہدایت دیتی ہے کہ وہ کھانے والوں کو گھٹانے کی تخریبی کوشش چھوڑ کر کھانے کے ذرائع بڑھانے کی تعمیری سعی میں اپنی قوتیں اور قابلیتیں صرف کرے)

(۸) زنا عورت اور مرد کے تعلق کی بالکل ایک غلط صورت ہے۔ اس کو نہ صرف بند ہونا چاہیے بلکہ معاشرے کے اندر ان اسباب کا بھی سدباب کیا جانا چاہیے جو انسان کو اس کے قریب لے جاتے ہیں۔ (یہ دفعہ آخرکار اسلامی نظام زندگی کے ایک وسیع باب کی بنیاد بنی اس کے منشا کے مطابق زنا اور تہمت زنا کو فوجداری جرم قرار دیا گیا، پردے کے احکام جاری کیے گئے، فواحش کی اشاعت پر پابندیاں عائد کی گئیں، شراب اور موسیقی اور رقص اور تصاویر پر بندشیں لگائی گئیں، اور ایک ایسا ازدواجی قانون بنایا گیا جس سے نکاح نہایت آسان ہو گیا اور زنا کے معاشرتی اسباب کا خاتمہ کر دیا گیا)

(۹) انسانی جان کو اللہ تعالیٰ نے قابل احترام ٹھہرایا ہے۔ کوئی شخص نہ اپنی جان لینے کا حق رکھتا ہے اور نہ کسی دوسرے کی جان۔ خدا کی مقرر کی ہوئی یہ حرمت صرف اسی صورت میں ٹوٹ سکتی ہے جب کہ خدا ہی کا مقرر کیا ہوا کوئی حق اس کے خلاف قائم ہو جائے۔ پھر حق قائم ہو جانے کے بعد بھی خون ریزی صرف اس حد تک ہونی چاہیے جہاں تک حق کا تقاضا ہو۔ قتل میں اسراف کی تمام صورتیں بند ہو جانی چاہییں، مثلاً جوش انتقام میں مجرم کے علاوہ دوسروں کو قتل کرنا جن کے خلاف حق قائم نہیں ہوا ہے یا مجرم کو عذاب دے دے کر مارنا، یا مار دینے کے بعد اس کی لاش کی بے حرمتی

کرنا، یا ایسی ہی دوسری انتقامی زیادتیاں جو دنیا میں رائج رہی ہیں۔ (اس دفعہ کی بنیاد پر اسلامی قانون میں خودکشی کو حرام کیا گیا۔ قتل عمد کو جرم ٹھہرایا گیا۔ قتل خطا کی مختلف صورتوں کے لیے خون بہا اور کفارے تجویز کیے گئے۔ اور قتل بالحق کو صرف تین صورتوں میں مقید کر دیا گیا۔ ایک یہ کہ کوئی شخص قتل عمد کا مرتکب ہوا ہو، دوسرے یہ کہ کسی شادی شدہ مرد یا عورت نے زنا کا ارتکاب کیا ہو، تیسرے یہ کہ کسی شخص نے اسلامی نظام جماعت کے خلاف خروج کیا ہو۔ پھر قتل بالحق کا فیصلہ کرنے کے اختیارات بھی صرف قاضی شرع کو دیے گئے، اور اس کا ایک مہذب ضابطہ بنا دیا گیا)

(۱۰) یتیموں کے مفاد کی اس وقت تک حفاظت ہونی چاہیے جب تک وہ خود اپنے بل بوتے پر کھڑے ہونے کے قابل نہ ہو جائیں۔ ان کے مال میں کوئی ایسا تصرف نہ ہونا چاہیے جو خود ان کے مفاد کے لیے بہتر نہ ہو۔ (یہ محض ایک اخلاقی ہدایت ہی نہ تھی، بلکہ یتامیٰ کے حقوق کی حفاظت کے لیے اسلامی نظام حکومت میں قانونی اور انتظامی دونوں طرح کی تدابیر اختیار کی گئیں جن کی تفصیلات ہم کو حدیث و فقہ کی کتابوں میں ملتی ہیں۔ پھر اسی دفعہ سے یہ وسیع اصول اخذ کیا گیا کہ ریاست اپنے ان تمام شہریوں کے مفاد کی محافظ ہے جو خود اپنے مفاد کی حفاظت کرنے کے قابل نہ ہوں۔ نبی صلی

اللہ علیہ وسلم کا ارشاد انا ولی من لا ولی لہ اسی طرف اشارہ کرتا ہے اور یہ اسلامی قانون کے ایک وسیع باب کی بنیاد ہے)

(۱۱) عہد و پیمان خواہ افراد ایک دوسرے سے کریں، یا ایک قوم دوسری قوم سے کرے، بہر حال ایمانداری کے ساتھ پورے کیے جائیں۔ معاہدوں کی خلاف ورزی پر خدا کے ہاں باز پرس ہوگی۔ (یہ بھی صرف اسلامی اخلاقیات ہی کی ایک اہم دفعہ نہ تھی بلکہ آگے چل کر اسلامی حکومت نے اسی کو اپنی داخلی اور خارجی سیاست کا سنگ بنیاد قرار دیا)

(۱۲) ناپ کے پیمانے اور اوزان ٹھیک رکھے جائیں اور لین دین میں صحیح تول تولی جائے۔ (اس دفعہ کے مطابق اسلامی حکومت کے محکمۂ احتساب پر منجملہ دوسرے فرائض کے ایک فرض یہ بھی عائد ہوا کہ وہ منڈیوں میں اوزان اور پیمانوں کی نگرانی کرے اور تطفیف کو بزور بند کر دے۔ پھر اسی سے یہ وسیع اصول اخذ کیا گیا کہ تجارت اور معاشی لین دین میں ہر قسم کی بے ایمانیوں اور حق تلفیوں کا سد باب کرنا حکومت کا فرض ہے)

(۱۳) تم کسی ایسی چیز کے پیچھے نہ لگو جس کے صحیح ہونے کا تمہیں علم نہ ہو۔ اپنی سماعت اور بینائی کا اور اپنے دلوں کی نیتوں اور خیالات اور ارادوں کا تمہیں خدا کو

حساب دینا ہے (اس دفعہ کا منشا یہ تھا کہ مسلمان اپنی انفرادی و اجتماعی زندگی میں وہم و گمان اور قیاس کے بجائے "علم" کی پیروی کریں۔ اس منشا کی ترجمانی اخلاق میں، قانون میں، ملکی نظم و نسق اور سیاست میں اور نظام تعلیم میں مختلف طریقوں سے بہت وسیع پیمانے پر کی گئی اور ان بے شمار خرابیوں سے اسلامی معاشرے کو بچا لیا گیا جو علم کے بجائے گمان کی پیروی کرنے سے زندگی کے مختلف پہلوؤں میں رونما ہوتی ہیں۔ اخلاق میں ہدایت کی گئی کہ بدگمانی سے بچو اور کسی شخص یا گروہ پر بلا تحقیق کوئی الزام نہ لگاؤ۔ قانون میں یہ مستقل اصول مقرر کیا گیا کہ محض شبہ پر کسی کے خلاف کوئی کارروائی نہ کی جائے۔ تفتیش جرائم میں یہ قاعدہ طے کر دیا گیا کہ گمان پر کسی کو پکڑنا اور مار پیٹ کرنا یا حوالات میں دے دینا قطعی ناجائز ہے۔ غیر قوموں کے ساتھ برتاؤ میں بھی یہ پالیسی معین کر دی گئی کہ تحقیق کے بغیر کسی کے خلاف کوئی اقدام نہ کیا جائے اور نہ شبہات پر افواہیں پھیلائی جائیں۔ نظام تعلیم میں بھی ان تمام نام نہاد "علوم" کو ناپسند کیا گیا جو محض ظن و تخمین اور لا طائل قیاسات پر مبنی ہیں اور مسلمانوں کے اندر ایک حقیقت پسندانہ ذہنیت پیدا کی گئی)

(۱۴) زمین میں جباروں اور متکبروں کی چال نہ چلو، تم نہ اپنی اکڑ سے زمین کو پھاڑ سکتے ہو اور نہ اپنے غرور میں پہاڑوں سے سربلند ہو سکتے ہو۔ (یہ بھی محض ایک واعظانہ بات

نہ تھی بلکہ در حقیقت اس میں مسلمانوں کو پیشگی تنبیہ کی گئی تھی کہ ایک حکمران گروہ بننے کے بعد وہ غرور و تکبر میں بتلا نہ ہوں۔ یہ اسی ہدایت کا فیض تھا کہ جو حکومت اس منشور کے مطابق مدینہ طیبہ میں قائم کی گئی اس کے فرماں رواؤں، گورنروں اور سپہ سالاروں کی زبان یا قلم سے نکلا ہوا ایک جملہ بھی آج ہمیں ایسا نہیں ملتا جس میں ادائے تکبر کا ادنیٰ شائبہ تک پایا جاتا ہو۔ حتیٰ کہ جنگ میں بھی انہوں نے کبھی فخر و غرور کی کوئی بات زبان سے نہ نکالی۔ ان کی نشست و برخاست، چال ڈھال اور عام برتاؤ، ہر چیز میں انکسار و تواضع کی شان پائی جاتی تھی، اور جب وہ فاتح کی حیثیت سے کسی شہر میں داخل ہوتے تھے اس وقت بھی اکڑ اور تبحر سے کبھی اپنا رعب جمانے کی کوشش نہ کرتے تھے)

یہی وہ اصول تھے جن پر نبی صلی اللہ علیہ وسلم نے مدینے پہنچ کر اسلامی سوسائٹی اور اسلامی ریاست کی تعمیر فرمائی۔

***